BEI GRIN MACHT SICH IHR WISSEN BEZAHLT

Lebensqualität, Lage- und Streuparameter und Inferenzstatistische Untersuchung

Xenia Rosewood

GRIN ☺

Bibliografische Information der Deutschen Nationalbibliothek:

Die Deutsche Nationalbibliothek verzeichnet diese Publikation in der Deutschen Nationalbibliografie; detaillierte bibliografische Daten sind im Internet über http://dnb.d-nb.de abrufbar.

ISBN: 9783346891341
Dieses Buch ist auch als E-Book erhältlich.

Druck und Bindung: Books on Demand GmbH, Norderstedt Germany
Gedruckt auf säurefreiem Papier aus verantwortungsvollen Quellen

Das vorliegende Werk wurde sorgfältig erarbeitet. Dennoch übernehmen Autoren und Verlag für die Richtigkeit von Angaben, Hinweisen, Links und Ratschlägen sowie eventuelle Druckfehler keine Haftung.

Das Buch bei GRIN: https://www.grin.com/document/1363850

SRH Fernschule – The mobile University

Fachbereich 4 – Soziale Arbeit und Gesundheit

Studiengang Psychologie (B.Sc.)

Einsendeaufgaben – Alternative C

Modul: Wissenschaftliches Arbeiten Vertiefung II

Abgegeben am: 21.10.2021

Inhaltsverzeichnis

Abbildungsverzeichnis

Aufgabe C 1

1.1 Begriffsbestimmung Lebensqualität und aktueller Kontext

Zunächst lässt sich feststellen, dass es keine generalisierbare Definition von Lebensqualität gibt. Dies ist zum einen durch ihre komplexe Beschaffenheit und zum anderen durch deren disziplinübergreifende Anwendung zu erklären. Betrachtet man das Konstrukt Lebensqualität, so muss stets der jeweilige Kontext sowie die Fachrichtung, in dem das Ganze steht, berücksichtigt werden. Verschiedene Forscher haben sich dennoch daran gewagt einen Definitionsansatz zu finden. So beschreibt die Weltgesundheitsorganisation Lebensqualität beispielsweise als: *„Quality of life is an individual's perception of his/her position in life in the context of the culture and value systems in which he/she lives, and in relation to his/her goals, expectations, standards and concerns. It is a broad-ranging concept, incorporating in a complex way the person's physical health, psychological state, level of independence, social relationships, and their relationship to salient features of their environment"* (WHOQOL Group, 1994a, p. 43). Ein etwas zeitlich aktuellerer Ansatz ist der von Noll und Schöb in 2002: *„Das Konzept der Lebensqualität basiert auf einem multidimensionalen Verständnis der individuellen Wohlfahrt oder des „guten Lebens", das sowohl materielle wie auch immaterielle, objektive und subjektive Komponenten gleichzeitig umfasst und das „besser" gegenüber dem „mehr" betont"* (Noll & Schöb, 2002, S.239).

Teilweise wird der Begriff Lebensqualität jedoch eher abstrakt und flexibel definiert, um möglichst viel Spielraum zu erlauben. Dies versucht Beck beispielsweise: „Gleichwohl kann Lebensqualität weder abschließend noch eindeutig definiert werden. Vielmehr ist es als komplexes und mehrdimensionales, offenes und relatives Arbeitskonzept zu betrachten, das der normativen und lebensweltlichen Begründung bedarf" (Beck, 2006, S.378).

1.2 Entstehungsgeschichte des Konzepts Lebensqualität

Lebensqualität ist besonders in den letzten Jahrzehnten zu einem wesentlichen Konzept und Evaluationskriterium in Medizin, Forschung und Gesundheitssystem geworden. Sie wird immer häufiger diskutiert, gemessen, verglichen und standardisiert. Auch im normalen Alltag kommt ihr immer mehr Bedeutung zu. Jährlich werden verschiedene Rankings veröffentlicht, welche die Lebensqualität in unterschiedlichen Ländern, Städten oder Kommunen abbilden. An der folgenden Abbildung lässt sich erkennen, dass im Jahr 2021 beispielsweise die Länder Kanada, Dänemark, Schweden und Norwegen an der Spitze liegen:

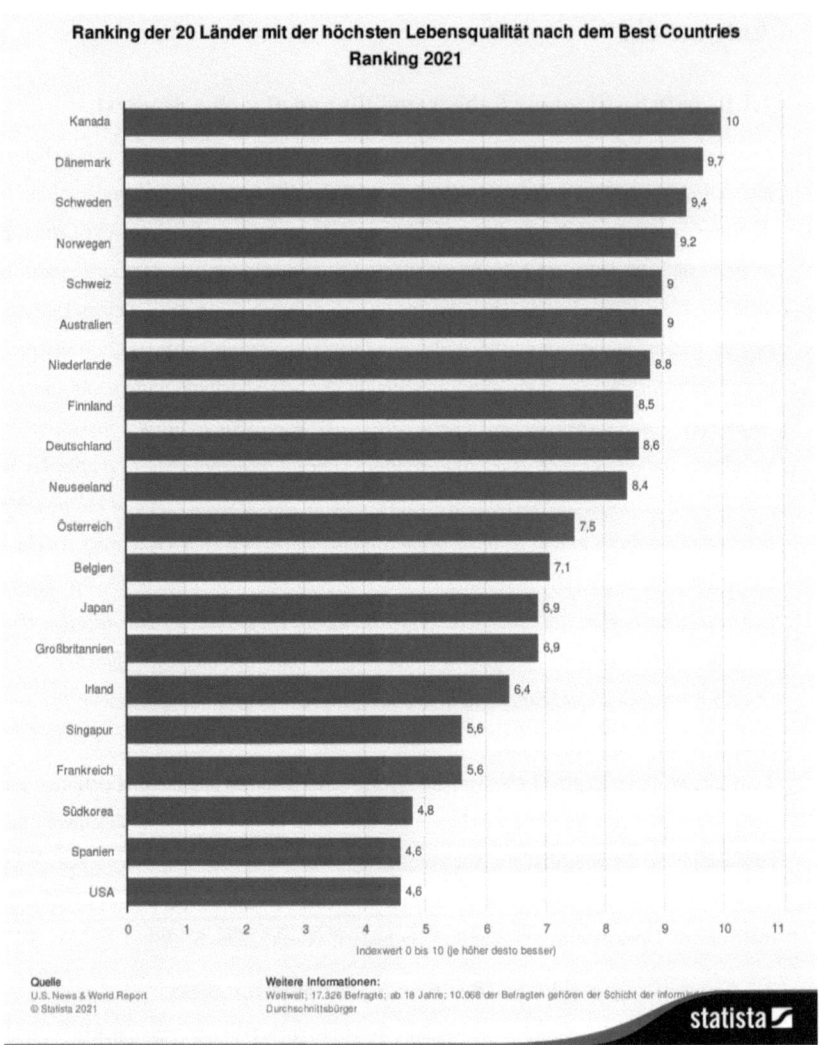

Abbildung 1: Ranking der 20 Länder mit der höchsten Lebensqualität

Allerdings ist das Konzept Lebensqualität keine Neuheit, sondern hat im Laufe der Geschichte schon über Generationen hinweg immer eine bedeutsame Rolle gespielt. Zwar gab es zu der Zeit den Begriff in dieser Form nicht, jedoch wurde schon im Mittelalter versucht, die Frage nach einem guten Leben zu klären. Zunächst war die Vorstellung von einem guten Leben an die Einhaltung religiöser Bestimmungen gebunden. Ein gutes Leben führte somit jemand, der sein Leben so gestaltete, dass es den Göttern und der damit verbunden Religion imponierte. Aristoteles war seiner Zeit jedoch schon voraus und vertrat die Meinung, dass die Lebensqualität weniger mit religiösen Ansichten zusammenhing, sondern eher von sozialen und materiellen Gütern wie Geld, Macht und soziale Netzwerke sowie der Qualität des Staates beeinflusst wird (Vgl. Neise & Zank, 2016, S.4).

Mit der Epoche der Aufklärung im 17.-18. Jahrhundert entstand dann die Vorstellung vom individuellen Lebensglück, welches primär nicht durch äußere Einflüsse entschieden sei, sondern durch die einzelne Person selbst entschieden würde (Vgl. Neise & Zank, 2016, S.4). Nach dieser Definition war ein Leben von hoher Qualität zunächst jedoch für die Arbeitsklasse schwer zu erreichen. Dies lag besonders an den schlechten, damalig herrschenden, Arbeitsbedingungen. Mit der Einführung der politischen Reformen und der damit verbundenen sozialistischen Umsetzungen wie z.B. die Sozialversicherungen, wurde nun eine hohe Lebensqualität auch gesamtsellschaftlich zugänglich. Der Staat fühlte sich vermehrt für die Verbesserung der gesellschaftlichen Lebensumstände verantwortlich (Vgl. Neise & Zank, 2016, S.4; Popp et al. 2010). Der britische Begründer der Wohlfahrtsökonomie Arthur C. Pigou verwendete den Begriff „quality of life" als erster in seinen Werken, welcher dann von verschiedenen Ökonomen in Amerika aufgegriffen wurde.

In Deutschland wurde das Konstrukt dann von Willy Brandts Regierungserklärung in 1973 berücksichtigt. Im Oktober 197 wurde der Begriff der Lebensqualität im Wahlkampf der SPD verwendet. Diese benannte ihr Wahlprogramm „Für Frieden, Sicherheit und eine bessere Qualität des Lebens". Es wurde darauf aufmerksam gemacht, dass eine hohe Lebensqualität mehr als ein höherer Lebensstandard ist, sondern besonders Freiheit voraussetzt. Um die Lebensqualität des Volkes zu verbessern, plädierte die SPD in ihrem Parteiprogramm für eine bessere Gesundheitsversorgung, eine saubere Umwelt, wohnlichere Städte, mehr Arbeitsschutz und Mitbestimmung (Knecht & Catterfeld, 2012, S.33). Daran zeigt sich, dass Willy Brandt den Zusammenhang der Lebensqualität der Menschen und den Rahmenbedingungen des Staates erkannte.

Der Begriff Lebensqualität kann als Reformbegriff gesehen werden, der nicht die einzelnen Details, Strukturen oder Methoden reformiert, sondern ein fundamentales Umdenken der Politiker erfordert (Vgl. Kovács, Kipke & Lutz, 2016, S.17-18). Zuvor galt Politik als erfolgreich, wenn sie den Bürgern hohen materiellen Wohlstand garantierte. Mit dem Einzug der Lebensqualität in die Politik endete dies jedoch. Das ehemals wichtige Evaluationskriterium Geld blieb zwar eine Zielkomponente, wurde jedoch nur noch als Mittel gesehen, eine höhere

Lebensqualität zu erreichen. Es galt somit erstmals nur noch als Mittel zu einem höheren Zweck. Dies veranlasste etliche Länder dazu, große Summen in die Forschung der Lebensqualität zu investieren. Dieses neue Konstrukt galt es zu erkunden und herauszufinden, wie es am besten erreicht werden konnte, um das eigene Volk zufrieden zu stellen. Es entstand eine internationale, disziplinübergreifende Bewegung zur Erforschung der Lebensqualität (Vgl. Land et al, 2012, S .4-5).

Wichtig war dabei, dass bei allen Neubestimmungen der Ziele eine exakte Messung als Voraussetzung gegeben war. Als objektive und subjektive Indikatoren der Lebensqualität galten: „Einkommen, Wohnverhältnisse, Arbeitsbedingungen, Familienbeziehungen und soziale Kontakte, Gesundheit, soziale und politische Beteiligung." Die subjektiven Indikatoren untersuchten „insbesondere Zufriedenheitsangaben, aber auch kognitive und emotive Gehalte wie Hoffnungen und Ängste, Glück und Einsamkeit, Erwartungen und Ansprüche, Kompetenzen und Unsicherheiten, wahrgenommene Konflikte und Prioritäten" (Vgl. Zapf 1984, S. 23). Die in den 10970er Jahren ausgewählten Kriterien konnten zwar mit den etablierten empirischen Methoden der Sozialwissenschaft operationalisiert und exakt gemessen werden, jedoch besteht bis heute keine Einigkeit darüber, welche Kriterien der Lebensqualität ausgewählt und wie diese gewichtet werden sollen (Vgl. Kovács, Kipke& Lutz, 2016, S.18). Der Begriff der Lebensqualität wird heutzutage vor allem in den Sozialwissenschaften, in der Psychologie und in der Medizin verwendet.

1.3 Lebensqualität in der Medizin

Die öffentliche Wirksamkeit des Begriffs Lebensqualität in den 1970er Jahren machte diesen auch für die Medizin interessant. Die Einführung des Begriffs der Lebensqualität in der Medizin bedeutete, dass nicht mehr nur die reine Überlebensrate als Parameter medizinischer Interventionen betrachtet wurde, sondern auch die Qualität des Überlebens des Patienten als weiterer Outcome zu berücksichtigen war. Somit wurde das Befinden des Patienten zu einem Bestandteil medizinischer Interventionen. Mittlerweile ist es zur Norm geworden, die Lebensqualität eines Patienten zu messen und als eine objektivierbare Möglichkeit des Patienten zu fragen, wie er sich fühlt (Vgl. Rose, 2003). Anders als in der Sozialwissenschaft ersetzte der Begriff Lebensqualität jedoch nicht ein altes Ziel komplett, sondern dient als ein Bestandteil eines großen Ziels. Dabei gilt es andere Kriterien wie beispielsweise Lebensverlängerung, Verbesserung des Gesundheitszustandes und Verkürzung der Krankheitsdauer ebenfalls zu beachten. So zählt zu einer erfolgreichen Behandlung nicht nur eine höhere Zufriedenheit der Patienten, sondern primär die Heilung, Reduktion der Schmerzen und Wiederherstellung der alltäglichen

Lebensfunktionen (Vgl. Kovács, Kipke & Lutz, 2016, S.21). Dies erkennt man auch an dem Gesetz § 35b Abs. 1 SGB V im Sozialgesetzbuch, wo Lebensqualität als eine der fünf Komponenten zählt. Die anderen vier sind die *Verbesserung des Gesundheitszustandes*, eine *Verkürzung der Krankheitsdauer*, eine *Verlängerung der Lebensdauer* und eine *Verringerung der Nebenwirkungen*. Ein weiterer Unterschied des Begriffs der Lebensqualität in der Medizin gegenüber der Politik ist, dass für die Medizin eine Verhältnisbestimmung der Erfolgskriterien erstellt werden musste (Vgl. Kovács, Kipke & Lutz, 2016, S.21).

Zu beachten ist auch, dass Lebensqualität eine sehr persönliche Sache ist. Das Deutsche Krebsforschungszentrum macht auf deren Webseite darauf aufmerksam, dass „nicht wenige Krebspatienten nach eigenen Aussagen eine hohe Lebensqualität haben" und somit eine Krebserkrankung nicht zwingenderweise eine schlechte Lebensqualität bedeuten muss (Vgl. Schübel, 2016, S.9).

Aufgabe C 2

2.1 Die Lageparameter: Modus, Median und arithmetisches Mittel

Die Lageparameter bezeichnen in bestimmter Weise ausgezeichnete Werte einer Häufigkeitsverteilung, wie zum Beispiel das Zentrum. Sie beschreiben nicht wie Streuparameter die Verteilung, sondern kennzeichnen das mittlere Niveau eines Merkmals (Vgl. Toutenburg & Heumann, 2008, S. 49). Typische Anwendungsbereiche dafür sind beispielsweise ein Durchschnittseinkommen eines Jobs, eine mittlere Lebensdauer eines technischen Geräts oder das ordinäre Heiratsalter in einem Land. Welcher Lageparameter sinnvollerweise zu bestimmen ist, hängt in der Regel vom Untersuchungskontext und vom Skalenniveau der Daten ab. Die sogenannte Translationsäquivarianz ist eine wesentliche Forderung an den Lageparameter der Verteilung eines Merkmals. So soll „für eine Lineartransformation der Daten, d.h. eine Transformation der Form $y_i = a + b x_i$ mit a,b beliebige reelle Zahlen,

$$L(y_1,...,y_n) = a + b L(x_1,...,x_n)$$

gelten. Das L in diesem Fall steht für das Lageparameter" (Vgl. Toutenburg & Heumann, 2008, S. 49).

Der **Modus** einer Verteilung, häufig auch Modalwert bezeichnet, gibt diejenige Merkmalsausprägung an, die am häufigsten vorkommt. Bei diskreten Daten ist der Modus die Merkmals-Ausprägung, die am häufigsten auftritt (Vgl. Toutenburg & Heumann, 2008, S. 50):

$$x_M = a_j \Leftrightarrow n_j = \max\{n_1, n_2, ..., n_k\}.$$

Somit ermittelt der Modus demzufolge den „Sieger" einer Verteilung. Daran kann zum Beispiel erkannt werden, welche Dienstleistung unter mehreren Konkurrenzleistungen am häufigsten ausgewählt wird. Besonders bei Wahlentscheidungen ist dieses Lageparameter beachtlich, wobei sein Wert jedoch nicht eindeutig sein muss. Bei Stimmengleichheit können mehrere Modalwerte zustande kommen, was teilweise zu Fehlinterpretationen bei Softwareprogrammen führen kann (Vgl. Cleff, 2015, S.37).

Es ist möglich den Modus bei jedem Skalenniveau zu verwenden, wobei er für nominalskalierte Daten das einzige zulässige Lageparameter darstellt. Die Verwendung des Modus ist bei jeder Art der Skalierung möglich, jedoch nur dann sinnvoll, wenn er unimodal (eingipflig) Verteilungen charakterisiert. Daraus schließt sich, dass der Modalwert translationsäquivariant ist. Darunter wird verstanden, dass der Modus der linear transformierten Werte gleich der linearen

Transformation des Modus der ursprünglichen Werte ist (Vgl. Toutenburg & Heumann, 2008, S. 51).

Der **Median** oder auch als Zentralwert bekannt, wird aus der geordneten Reihe gewonnen und teilt die Größe der beobachteten Reihe in zwei Hälften. Dies bedeutet, dass 50% der beobachteten Werte kleiner oder gleich und höchstens 50% der beobachteten Werte größer oder gleich dem Median sind (Vgl. Toutenburg & Heumann, 2008, S. 53). Folglich gibt der Median die Mitte der Verteilung an und bietet im Vergleich zum Modus einen größeren Informationsgehalt über die Lage der Verteilung.

Eine sinnvolle Verwendung des Medians ergibt sich für Daten ab Ordinalskalenniveau. Bei kategorialen Variablen ergibt es keinen Sinn, nach der „Mitte" der Messwerte zu suchen, da es sich um qualitative Messwerte handelt und diese nicht der Größe nach geordnet werden können (Vgl. Benninghaus, 2007, S.39).

Das **arithmetische Mittel** ist eines er am häufigsten verwendeten Lageparameter und definiert den Mittelwert und das bekannteste Maß der zentralen Tendenz. Häufig wird der arithmetische Mittelwert auch als Durchschnitt bezeichnet. Errechnet wird das arithmetische Mittel als Durchschnittswert aller Beobachtungen, indem, die Summe aller Einzelwerte der vorliegenden Daten durch deren Anzahl geteilt wird. Für die Verwendung dieses Lageparameters ist es somit erforderlich, dass es sich um metrisch skalierte Merkmale handelt. Das arithmetische Mittel ist nicht wie der Modus und der Median direkt zu erkennen, sondern muss zunächst errechnet werden (Vgl. Schäfer, 2016, S.55). Die Formel dafür lautet:

$$\bar{x} = \frac{1}{n} \sum_{i=1}^{n} x_i \, .$$

Da alle Daten bei dieser Berechnung gleichbehandelt werden, ist es erforderlich, dass diese auch in Wirklichkeit gleichberechtigt sind, was bei extrem schiefen Verteilungen oder bei Ausreißern nicht gegeben ist (Vgl. Toutenburg & Heumann, 2008, S. 60).

2.2 Die Streuparameter: Spannweite, Varianz und Standardabweichung

Der Streubereich einer Häufigkeitsverteilung beschreibt den Bereich, in dem die Merkmalausprägungen liegen. Die Streuparameter geben an, wie variabel oder heterogen die Daten sind (Vgl. Toutenburg & Heumann, 2008, S. 73). Es gibt verschiedene Parameter in der Statistik, die anhand einer Zahl die Streuung der Werte zu beschreiben versucht (Vgl. Cleff, 2015, S.54).

Die **Spannweite**, oder auch Range genannt, ist eine der einfachsten Möglichkeiten, etwas über die Streuung von Daten in Verteilungen mit Hilfe eines Kennwertes auszusagen. Sie ergibt sich aus der Differenz zwischen dem größten und dem kleinsten beobachteten Wert in den Daten. Die Formel besteht einfach darin, die Differenz der Werte auszurechnen. Dies macht zwar die Berechnung sehr einfach, stellt aber auch einen großen Nachteil des Parameters da. Die Spannweite kann offensichtlich nicht besonders gut zwischen verschiedenen Verteilungen differenzieren, sondern berücksichtigt nur die beiden Extremwerte. Dadurch wird sie gegenüber Ausreißern besonders anfällig. Deswegen wird die Spannweite nur selten verwendet und findet meist nur Anwendung bei Altersangaben von Versuchsteilnehmern oder ähnlichen Angaben, die nur zwei Werte betrachten (Vgl. Schäfer, 2016, S.62-63).

Der **Quartilsabstand** definiert den zentralen Bereich einer Verteilung, in dem 50% der Werte liegen. Er ist ein Streuungsmaß, was deutlich weniger empfindlich gegenüber Extremwerten reagiert als die Spannweite (Vgl. Toutenburg & Heumann, 2008, S. 73).

Eine Gemeinsamkeit der Spannweite und des Quartilsabstand ist, dass sie beide nur einzelne Werte der Verteilung bei der Berechnung miteinbeziehen. Bei einem exakten Streuungsmaß, sollten jedoch alle Werte in die Bestimmung einfließen. Dies ist bei der Varianz und der Standardabweichung der Fall. Beide Streuungsmaße beziehen sich konkret auf den Mittelwert und geben Informationen darüber, wie weit alle Werte der Verteilung durchschnittlich von diesem, abweichen (Vgl. Schäfer, 2016, S.64). Die Formel, um die Varianz auszurechnen lautet:

$$s^2 = \frac{\sum (x_i - \overline{X})^2}{N}$$

Die **Varianz** liefert immer den Durchschnitt quadrierter Werte, welche teilweise schwer zu interpretieren sind. Deswegen wird häufig die Wurzel daraus gezogen, wodurch die Standardabweichung entsteht. Die **Standardabweichung** ist die Wurzel aus der Varianz (Vgl. Schäfer, 2016, S.64):

$$s = \sqrt{s^2}$$

Allgemein lässt sich die Standardabweichung als durchschnittliche Entfernung aller gemessenen Ausprägungen eines Merkmals vom Durchschnitt definieren.

2.3 Ermittlung der Lage- und Streuparameter anhand einer fiktiven Altersverteilung von 20 Teilnehmern

Die Ermittlung bzw. Berechnung der sechs Parameter wird anhand einer Tabelle von Ersti-Studenten zwischen 17 und 25 Jahren, die an einem Yogakurs teilnehmen, durchgeführt.

Teilnehmer*innen	Alter
1	20
2	25
3	22
4	21
5	25
6	17
7	23
8	24
9	25
10	18
11	25
12	19
13	22
14	17
15	23
16	24
17	20
18	18
19	21
20	19

Tabelle 1: Teilnehmer*innen eines Yogakurs für Ersti-Studenten

Lageparameter:

Zunächst wird der Modus x_{mod} des Alters der Yogakursteilnehmer*innen mit Hilfe der folgenden Tabelle ermittelt, in der die gleichaltrigen Teilnehmer*innen zusammengezählt werden.

Teilnehmer*innen	Alter in Jahren	Anzahl
6; 14	17	2
10; 18	18	2
12;20	19	2
1; 17	20	2
4; 19	21	2
3; 13	22	2
7; 15	23	2
8; 16	24	2
2; 5; 9; 11	25	4

Tabelle 2: Teilnehmer*innen nach Alter sortiert

Der **Modus** einer Verteilung, gibt diejenige Merkmalsausprägung an, die am häufigsten vorkommt. Bei diesem Bespiel beträgt der Modus x_{mod} =4. Die Gruppe der 25-Jährigen ist mit 4 am stärksten vertreten.

Der **Median**, wird aus der geordneten Reihe gewonnen und teilt die Größe der beobachteten Reihe in zwei Hälften.

Dafür müssen die Daten also zunächst der Größe nach sortiert werden:

17, 17, 18, 18, 19, 19, 20, 20, 21, *21, 22,* 22, 23, 23, 24, 24, 25, 25, 25, 25

Der Median wird aus dem Durchschnitt der beiden mittleren Werte (*21* und *22*) gebildet.

So ergibt sich: $\bar{x} = \frac{1}{2}(21 + 22) = 21{,}5$ Jahre.

Das **arithmetische Mittel** $\bar{x}$ definiert den Mittelwert und das bekannteste Maß der zentralen Tendenz. Die Formel dafür lautet:

$$\bar{x} = \frac{1}{n} \sum_{i=1}^{n} x_i \,.$$

Der Mittelwert des Alters der 20 Teilnehmer*innen wird wie folgt bestimmt:

Alter x_i (in Jahren)	Anzahl f_i	Produkt aus Häufigkeit und Messwert $x_i f_i$
17	2	34
18	2	36
19	2	38
20	2	40
21	2	42
22	2	44
23	2	46
24	2	48
25	4	100

$$\bar{x} = \frac{(34+36+38+40+42+44+46+48+100)}{20} = 21,4 \text{ Jahre.}$$

Streuparameter:

Die **Spannweite**, oder auch Range R genannt, ergibt sich aus der Differenz zwischen dem größten und dem kleinsten beobachteten Wert in den Daten.

$R = x_{max} - x_{min}$

x_{max} beträgt 25 Jahre und x_{min} beträgt 17 Jahre

Daraus ergibt sich eine Spannweite $R = 25-17 = 8$ Jahre

Die Alterspannweite bei diesem Beispiel erstreckt sich über 8 Jahre.

Die Formel, um die **Varianz** auszurechnen lautet:

$$s^2 = \frac{\sum (x_i - \overline{X})^2}{N}$$

Alter x_i (in Jahren)	Anzahl f_i	Abweichung vom Mittelwert $(x_i - \bar{x})$	Quadrat der Abweichung $(x_i - \bar{x})^2$	Produkt aus Häufigkeit und Abweichung $f_i(x_i - \bar{x})^2$
17	2	-4,4	19,36	38,72
18	2	-3,4	11,56	23,12
19	2	-2,4	5,76	11,52
20	2	-1,4	1,96	3,92
21	2	-0,4	0,16	0,32
22	2	0,6	0,36	0,72
23	2	1,6	2,56	5,12
24	2	2,6	6,76	13,52
25	4	3,6	12,96	51,84
Summe: N=20				148,8

Die Varianz beträgt: $s^2 = \frac{148,8}{20} = 7,44$

Die **Standardabweichung** ist die Wurzel aus der Varianz:

$S = \sqrt{7,44} \approx 2,7$ Jahre

An diesem Beispiel wurde gezeigt, wie die Ermittlung bzw. Berechnung der sechs beschriebenen Parameter durchgeführt werden kann.

Aufgabe C 3

Der vorliegende Datensatz ZA6759_Arbeitnehmer_v1-0-0.sav6 stammt aus einer Befragung von 5000 in Deutschland Beschäftigten. Die telefonische Befragung im Rahmen der Dacheva-luation der Gemeinsamen Deutschen Arbeitsschutzstrategie (GDA) wurde von Infratest im Zeitraum Juni bis August 2015 durchgeführt. Bevor die eigentliche deskriptive Analyse durch-geführt wird, soll zunächst überprüft werden, ob bzw. welche der eingegebenen Werte als feh-lende Werte definiert werden müssen, weil sie nicht in die Rangreihe passen oder für die Fra-gestellung nicht relevant sind. Die fehlenden Werte werden bei der Analyse nicht berücksich-tigt.

3.1 Altersverteilung

Als erstes wird die Variable Alter der Stichprobe untersucht. Es lässt sich feststellen, dass 15 der 500 Antworten als fehlend zu definieren sind und somit die restlichen 4985 Antworten be-trachtet werden.

Die Auswertung der Stichprobe ergibt, dass die Teilnehmer*innen zwischen 15 und 80 Jahre alt sind. Der Modus zeigt, dass das am stärksten vertretene Alter 52 Jahre beträgt. Anhand des Medians lässt sich erkennen, dass 50% der Teilnehmer*innen jünger oder genau 49 Jahre alt und die anderen 50% genau 49 Jahre alt oder älter sind. Das Durchschnittsalter liegt bei 47,24 Jahren, was mithilfe des Mittelwerts bestimmt wird. Eine Varianz auszurechnen, ergibt keinen Sinn, da Jahre nicht quadriert werden können und somit keine gültige Maßeinheit vorliegt. Die Standardabweichung jedoch beträgt 10,483 Jahre.

Tabellarisch lässt sich dies folgend darstellen:

Variable - Alter

N	Gültig	4985
	Fehlend	15
Mittelwert		47,24
Minimum		15
Maximum		80
Median		49,00
Modus		52
Standardabweichung		10,483

3.2 Geschlechtsverteilung

Als nächstes wird die Variable „Geschlecht" betrachtet. Da bei SPSS nur zahlen angegeben werden können und nicht wie benötigt männlich und weiblich, wurde weiblich mit 1 und männlich mit 2 angegeben, damit es trotzdem ausgewertet werden konnte. Keiner der Teilnehmer*innen vergaß deren Geschlecht anzugeben, weshalb keine Werte fehlten. Somit wurden 5000 Angaben ausgewertet.

Es handelt sich um eine Norminalskalierung, da sich anhand des Geschlechts keine Rangordnung hergestellt werden kann. Bei der Auswertung entstand ein Modus von 1, welcher angibt, dass mehr Frauen als Männer an der Umfrage teilnahmen.

Tabellarisch lässt sich dies folgend darstellen:

Variable - Geschlecht

N	Gültig	5000
	Fehlend	0
Modus		1

Ein weiterer Faktor, der bei der Umfrage mitbeinbezogen wurde, ist die Verteilung von Führungskräften und Mitarbeitern ohne Personalverantwortung. Damit dies grafisch dargestellt werden kann, müssen zunächst alle „weiß nicht" (8) und „keine Angabe" (9) als fehlende Werte definiert werden, was zu einer Gesamtzahl von 4983 Angaben führt. Die Verteilung dieser 4983 Teilnehmer*innen mit und ohne Führungsverantwortung lässt sich so darstellen:

*Abbildung 2: Verteilung der Mitarbeiter*innen mit Personalverantwortung, Eigene Darstellung*

Insgesamt gaben 1169 der Befragten an, dass sie Personalverantwortung besitzen und die 3818 anderen, kreuzten „Nein" an.

3.3 Belastungen der Befragten

Zudem wurden die Teilnehmer*innen nach ihren Belastungen und Gefährdungen bei ihrer Arbeit gefragt. Das Ziel davon war es, zu erkennen, wie häufig sich die Befragten von den jeweiligen Belastungen oder Gefährdungen beeinflusst sehen und falls sie betroffen sind, wie oft. Es handelt sich um eine geschlossene Frageform mit einer Rating-Skala, da die Antworten schon vorgegeben waren und zwischen verschiedenen Werten gewählt werden kann (Vgl. Raab-Steiner & Benesch, 2018, S.53). Diese Form bietet sich an dieser Stelle gut an, da es sich um komplexe Konstrukte handelt, bei der ansonsten mögliche Anwortalternativen übersehen werden könnten (Vgl. Raab-Steiner & Benesch, 2018, S.54).

Ein Teil des Fragebogens bestand darin, zwischen *fast immer, eher häufig, eher selten* und *fast nie* anzugeben, inwiefern folgende Aussagen zustimmen:

A Belastungen durch bewegungsarme Tätigkeiten

B Belastungen durch Arbeitsumgebung, z.B. durch Lärm, Hitze, Kälte oder Staub

C Schwere körperliche Belastungen, z.B. durch hebende Lasten oder ungünstige Körperhaltung

D Gefährdungen durch den Umgang mit Maschinen und Arbeitsgeräten

E Gefährdungen durch den Umgang mit Gefahr- oder Biostoffen

F Psychische Belastungen durch den Umgang mit schwierigen Personengruppen, z.B. unzufriedene Kunden oder Patienten

G Psychische Belastungen, z.B. durch Arbeit unter hohem Zeit- oder Leistungsdruck

H Belastungen durch soziale Beziehungen, z.B. durch Konflikte unter Kollegen oder die Führungskultur

Es handelt sich um eine Ordinalskalierung, bei der Lage- und Streuungsparameter nur eine begrenzte Aussagekraft über die Verteilung haben.

Deshalb ist es wichtig, die Lage sowie die Streuung zu betrachten, um einen größeren Informationsgehalt zu erhalten (Vgl. Schäfer, 2016, S.62). Ansonsten steht nicht fest, ob der Mittelwert aussagekräftig ist. Somit muss eine Häufigkeitsverteilung immer durch ihre Lage und ihre Streuung charakterisiert werden.

Bei diesem Beispiel sind die Belastungsvariablen jedoch ordinalskaliert, weshalb nur Lagemaße betrachtet werden.

Folgend wird B von den möglichen Belastungen und Gefährdungen bei der Arbeit betrachtet. Darunter zählen die Belastungen durch die Arbeitsumgebung, z.B. durch Lärm, Hitze, Kälte oder Staub. Die Befragung ergab:

Belastung: Arbeitsumgebung

N	Gültig	4979
	Fehlend	21
Median		3,00
Modus		4

Der Median liegt bei 3, was bedeutet, dass 50% und mehr der Befragten, sowie 50% und weniger angeben, dass sie „eher selten" Belastungen durch ihre Arbeitsumgebung erfahren.

Der Modus von 4 bedeutet, dass die meisten Befragten „fast nie" angegeben haben.

Der Mittelwert für die physische Belastung aus den Variablen *W15A212b bis W15A212e* wird als neue Variable VPhysisch und der Mittelwert für die psychische Belastung *W15A212f bis W15A212h* als VPsychisch definiert.

Es eignet sich das arithmetische Mittel an dieser Stelle, um die Häufigkeitsverteilung darzustellen, da dieses den Durchschnittswert der Antworten definiert und somit den Modus relativiert.

Außerdem wird die Standardabweichung berechnet, da diese angibt, wie stark oder weniger stark die Werte durchschnittlich vom arithmetischen Mittel streuen. Um die Standardabweichung zu erhalten, wird die Wurzel der Varianz gezogen (Vgl. Schäfer, 2016, S.64).

Insgesamt haben 4996 VPhysisch und 4999 VPsychisch angegeben, womit fast gleich viele Werte vorliegen. Bei VPhysisch ist der Mittelwert 3,2148 und bei VPsychisch ist er 2,7659. Somit ergibt sich eine Differenz von 0,4489. Die Standardabweichung beträgt 0,72543-0,71940= 0,00630. Als Fazit lässt sich schließen, dass die Befragten häufiger psychische als physische Belastungen in Bezug auf ihre Arbeit angaben.

3.4 Inferenzstatistische Untersuchung: Unterscheidet sich die Stärke der psychischen und physischen Belastung zwischen Mitarbeiter*innen ohne Personalverantwortung und Führungskräften?

Laut Schäfer (2016) ist das Ziel der Inferenzstatistik Schlüsse von einer Stichprobe auf eine Population sowie Aussagen über die Güte dieser Schlüsse zu ziehen (Vgl. Schäfer, 2016, S.111). Bedeutend für die Inferenzstatistik ist die Unterscheidung von Population und Stichprobe. Im Regelfall ist eigentlich die Population von höherer Bedeutung, haben aber nur eine Stichprobe aus dieser Population vorliegen. Da bei einer Untersuchung jedoch fast nie, der Mittelwert der Population bekannt ist, ist die grundsätzliche Fragestellung der Inferenzstatistik, wie man von einer Stichprobe trotzdem zu Aussagen über die Population kommen kann (Vgl. Jancyk & Pfister, 2015, S.22).

Die Durchführung von inferenzstatistischen Tests, folgt immer diesen fünf Schritten, dabei ist die Art von Test unabhängig (Vgl. Budischewski, 2009, S.54):

1. Aufstellen der Hypothesen H0 (keine Effekte) und H1 (Effekte)

2. Festlegten der Signifikanzniveaus

3. Berechnung des Prüfwertes abhängig vom eingesetzten Test

4. Ablesen des p-Wertes in einer Tabelle oder in SPSS

5. Entscheidung hinsichtlich Annahme oder Ablehnung der Hypothesen

   a) Ist der p-Wert kleiner α -> Alternativhypothese wird angenommen

   b) Ist der p-Wert größer α -> Nullhypothese wird beibehalten

In dieser Hausarbeit soll untersucht werden, ob sich die Stärke der physischen, aber auch psychischen Belastung zwischen Mitarbeiter*innen mit oder ohne Personalverantwortung unterscheidet.

Die Hypothesen

Zunächst werden die Alternativhypothese und die Nullhypothese aufgestellt, da die Statistik einem konservativen Ansatz verfolgt und somit das Nichtzutreffen der Hypothese anstelle des Zutreffens getestet wird.

Somit ergibt sich folgende Alternativhypothese:

H_1 = Die Stärke der physischen und psychischen Belastung zwischen Mitarbeiter*innen ohne Personalverantwortung und den Führungskräften mit Personalverantwortung unterscheidet sich.

Die Formel dazu lautet:

H_1 : μ Belastung mit Führungsverantwortung $\neq$ μ Belastung ohne Führungsverantwortung

Die Nullhypothese geht davon aus, dass die Forschungshypothese nicht bestätigt wird:

H_0 = Die Stärke der physischen und psychischen Belastung zwischen Mitarbeiter*innen ohne Personalverantwortung und den Führungskräften mit Personalverantwortung unterscheidet sich nicht.

Es wird nur nach einem generellen Unterschied zwischen den zwei Befragtengruppen gesucht, sodass es sich bei H_1 um eine ungerichtete Hypothese handelt (Vgl. Budischewski, 2009, S.57). Bei unserer Befragung handelt es sich nur um eine Stichprobe (1000) und nicht die gesamte Gesamtheit aller Mitarbeiter*innen, weshalb es sein kann, dass die H_1 zwar in der Stichprobe bestätigt wird, sich jedoch nicht auf die gesamte Population übertragen lässt. Daran zeigt sich, dass das richtige Inferenzstatistische Verfahren an dieser Stelle der t-Test ist. Laut Budischweski (2009) wird der t-Test dann eingesetzt, wenn Unterschiede zwischen zwei Mittelwerten auf deren Signifikanz geprüft werden sollen. Somit muss die abhängige Variable intervallskaliert sein.

Der T-Test

Der t-Test wird dann eingesetzt, wenn Unterschiede zwischen zwei Mittelwerten auf deren Signifikanz geprüft werden sollen und kann bei abhängigen sowie unabhängigen Stichproben angewendet werden. Bei abhängigen Stichproben, werden zwei Werte von ein und derselben Person oder Gruppe miteinander verglichen (Vgl. Budischewski, 2009, S.70). Dies wäre beispielsweise der Fall, wenn die physische und psychische Belastung von Mitarbeiter*innen mit Führungsverantwortung miteinander verglichen werden sollen.

Bei unabhängigen Stichproben werden die Daten von getrennten Stichproben Gruppen untersucht, was bei diesem Beispiel die physische und psychische Belastung von Mitarbeiter*innen mit und ohne Führungsverantwortung darstellt. Damit ein t-Test für unabhängige Stichproben durchgeführt werden kann müssen folgende Voraussetzungen gegeben sein (Vgl. Budischewski, 2009, S.67):

1. Die Gruppen müssen unabhängig sein. Somit muss der Mittelwert, aus den zwei verschiedenen Personengruppen stammen.

2. Die abhängige Variable muss intervallskaliert sein.

3. Die abhängige Variable muss normalverteilt sein.

4. Die Varianz in den beiden Gruppen dürfen nicht signifikant voneinander abweichen.

Bevor ein T-Tests durchgeführt werden kann, ist eine Überprüfung der Normalverteilung der Testvariablen erforderlich. Teilweise wird dafür der Kolmogorov-Smirnov-Test angewendet (Vgl. Budischewski, 2009, S.101). Außerdem gibt es den Shapiro-Wilk-Test (Shapiro & Wilk, 1965), welcher etwas akkurater in der Untersuchung ist, ob eine Stichprobe normalverteilt ist (Razali & Wah, 2011).

Die Nullhypothese lautet bei diesem Beispiel:

H_0 = Die Stichprobe ist normalverteilt

Um diese Hypothese (H_0) zu bestätigen, sollte p> 0,05 sein (Vgl. Budischewski, 2009, S.103). Bei den vorliegenden Stichproben der Mitarbeiter*innen Befragung liegt die Signifikanz bei p<0,5. Dies bedeutet, dass beide Gruppen anhand des Shapiro-Wilk-Test nicht normverteilt sind. Jedoch ist der T-Test relativ robust gegenüber Verletzung der Normverteilungsannahme und liefert trotzdem sehr gute Ergebnisse (Vgl. Schäfer, 2011, S.114).

Um einen t-Test für unabhängige Stichproben durchführen zu können, muss die Voraussetzungen gegeben sein, dass die Varianz in den beiden Gruppen nicht signifikant voneinander abweicht. Dafür wird der Levene-Test zur Hilfe gezogen. Dabei gilt, ist der Levene-Test signifikant, also kleiner als 0,5 so muss von einer fehlenden Varianzhomogenität ausgegangen werden, jedoch bei Werten höher als 0,5 kann von einer Varianzhomogenität ausgegangen werden (Vgl. Budischewski, 2009, S.69).

Bei VPhysisch ist die Signifikanz bei 0,231 und somit größer als 0,05, weshalb es sich um eine homogene Stichprobe handelt. Bei VPsychisch andererseits ist die Varianz <0,5, weshalb keine Varianzhomogenität besteht.

Bei Hypothese H_1 handelt es sich um eine ungerichtete Hypothese, weshalb die Werte des T-Tests direkt verwendet werden können. Bei VPhysisch ist die Signifikanz 0,620. Daraus schließt, dass die Hypothese H_0 stimmt.

Bei VPsychisch ist der Signifikanzwert <0,05, weswegen kein weiterer Test erforderlich ist, sondern direkt H_1 zustimmt.

Fazit

Schließlich lässt sich feststellen, dass die Mitarbeiter*innen angeben, häufiger von psychischen als von physischen Belastungen betroffen zu sein. Eine Korrelation bei der Stärke der physischen Belastung von Mitarbeiter*innen mit und ohne Personalverantwortung ließ sich nicht erkennen. Bei der psychischen Belastung jedoch sind Personen mit Führungsverantwortung häufiger stark betroffen als Mitarbeiter*innen ohne Personalverantwortung. Somit scheinen Führungskräfte besonders anfällig für psychische Erkrankungen zu sein, die mit psychischer Belastung einhergehen. Als Forschungsfrage bietet es sich an, zu untersuchen, welche Schutz- und Risikofaktoren für Personen in Führungspositionen bestehen und inwiefern diese eliminiert werden können.

Literaturverzeichnis

Benninghaus, H. (2007): Deskriptive Statistik. Eine Einführung für Sozialwissenschaftler. Springer Fachmedien, Wiesbaden.

Budischewski (2009): SPSS Studienbrief. Riedlingen, SRH Fernhochschule.

Cleff, T. (2015): Deskriptive Statistik und Explorative Datenanalyse. Eine computergestützte Einführung mit Excel, SPSS und STATA. Springer Gabler Verlag, Wiesbaden.

Knecht, A. & Catterfeld, P. (2012): 40 Jahre Lebensqualität. Eine Fortschrittsalternative in den besten Jahren. Esslinger Zeitung vom 10./11.1.2012.

Kovács, L.; Kipke, R. & Lutz, R. (2016): Lebensqualität in der Medizin, DOI 10.1007/978-3-658-10679-9_2, Springer Fachmedien, Wiesbaden.

Land, KC.: Michalos, AC.: Sirgy, JM. (2012): Prologue: The Development and Evolution of Research on Social Indicators and Quality of Life (QOL). In: Land KC, Michalos AC, Sirgy JM (Hrsg) Handbook of Social Indicator and Quality of Life Research. Springer, Dordrecht, S 137–157.

Neise, M. & Zank, S. (2016): Lebensqualität im Alter in Müller, S.V.; Gärtner , C. (Hrsg.), Gesundheit, DOI 10.1007/978-3-658-09976-3_1

Jancyk & Pfister (2015): Inferenzstatistik verstehen. Von A wie Signifikanztest bis Z wie Konfidenzintervall. Springer Spektrum, Berlin, Heidelberg.

Noll, H.-H., & Schöb, A. (2002): Lebensqualität im Alter. In Deutsches Zentrum für Altersfragen (Hrsg.), Das hohe Alter. Konzepte, Forschungsfelder, Lebensqualität. Expertisen zum Vierten Altenbericht der Bundesregierung (Bd. I, S. 229–314). Hannover: Vincentz.

Raab-Steiner, E. & Benesch, M. (2018): Der Fragebogen. Von der Forschungsidee zur SPSS-Auswertung. Facultas, Wien.

Razali, N. M., & Wah, Y. B. (2011): Power comparisons of Shapiro-Wilk, Kolmogorov-Smirnov, Lilliefors and Anderson-Darling tests. *Journal of Statistical Modeling and Analytics*, *2*(1), 21-33.

Rose, M. (2003): Messung der Lebensqualität bei chronischen Erkrankungen -Habilitationsschrift zur Erlangung der Lehrbefähigung für das Fach Innere Medizin, online verfügbar: http://edoc.hu-berlin.de/habilitationen/rose-matthias-2003-01-28/PDF/Rose.pdf (zuletzt geöffnet am 25.08.2021)

Schäfer, T. (2016): Methodenlehre und Statistik. Einführung in Datenerhebung, deskriptive Statistik und Inferenzstatistik. Springer Fachmedien, Wiesbaden.

Schübel, T. (2016): Grenzen der Medizin. Zur diskursiven Konstruktion medizinischen Wissens über Lebensqualität, Springer Fachmedien, Wiesbaden.

Stiglitz, J.E.; Sen, A. & Fitoussi, J.-P. (2009): Report by the Commission on the Measurement of Economic Perfromance and Social Progress, Paris: Commission on the Measurement of Economic Performance and Social Progress.

Toutenburg, H. & Heumann, C. (2008): Deskriptive Statistik. Eine Einführung in Methoden und Anwendungen mit R und SPSS. Springer Verlag, Berlin, Heidelberg.

Zapf, W. (1984): Individuelle Wohlfahrt: Lebensbedingungen und wahrgenommene Lebensqualität. In: Glatzer W, Zapf W (Hrsg) Lebensqualität in der Bundesrepublik. Objektive Lebensbedingungen und subjektives Wohlbefinden. Campus, Frankfurt am Main, S 13–26.